urban escape

skate-board & co

Isabel Thomas

Traduit de l'anglais
par Catherine Destephen

MILAN

Conception : Joyce Bentley

À la demande de Debbie Foy et de Rasha Elsaeed

Réalisé pour Wayland par Calcium
Graphisme : Paul Myerscough
Édition : Sarah Eason

Photographies : Adam Lawrence

Cet ouvrage a été réalisé par les éditions Milan avec la collaboration de Laurent Palet.

Traduction : Catherine Destephen
Mise en pages : Didier Gatepaille

ISBN : 978-2-7459-5686-6
Dépôt légal : 1er trimestre 2015
Imprimé en Chine

Wayland est un département du groupe Hachette Children's Books.

Crédits iconographiques : Alamy : PCN Chrome 8-9, Doomwheels 25 (d) ; Flickr : Sharese Ann Frederick 2 (fond de page), 21 (mg) ; Getty : Darryl Leniuk 25 (g), Wireimage 2 (mg), 10 ; Nancy NG Photography : 2 (hm), 12-13 ; Rubicon : Lotta Anulf 28-29, Tim Parker 22 ; Shutterstock : Afaizal 3 (bd), 20 (bg), Magnum Johansson 30-31, Andrey Khrolenok 24 (bg), Ronen 1, 33-4.

AU PROGRAMME

12
SENSATIONS FORTES
Tout un buzz sur le mountainboard !

10
UNE STAR
Découvre la vie de Tony Hawk, la légende du skate-board.

6
INTERVIEW EXPRESS
Geoff Else, skateur pro, nous raconte son parcours et nous donne quelques tuyaux.

18
LE MATÉRIEL
Ce dont tu as besoin pour commencer.

les gens

6 **INTERVIEW EXPRESS** Geoff Else

10 **UNE STAR** Tony Hawk

22 **TÉMOIGNAGE** Skateuse pro

28 **LE BLOG** James Johnson

les figures

14 **PAS À PAS** Le *ollie*

16 **DÉMO** Les figures du skate

26 **PAS À PAS** Le *kickflip*

les infos

4 **L'ESSENTIEL** Skate et Cie

8 **POURQUOI ON AIME ?** Boardmania

12 **SENSATIONS FORTES** Repousser ses limites

18 **LE MATÉRIEL** Les planches

20 **LE JARGON** Parles-tu skate ?

24 **VASTE DÉBAT** Pour ou contre ?

30 **RECORDS** C'est dingue !

32 **ALLER PLUS LOIN** À toi de jouer !

32 **INDEX**

Les astérisques (*) renvoient aux mots expliqués dans la rubrique « Le jargon », p. 20-21.

SKATE ET Cie

Prends une planche de bois, ajoute quatre roues et tu as gagné ton passeport pour t'éclater. Oui, c'est parti pour une bonne dose d'adrénaline, des figures à couper le souffle et des séances au skatepark* avec les copains. En attendant, voici les sports qui ont révolutionné la glisse sur roulettes…

Les débuts du skate-board

C'est dans les années 1940 que les surfeurs ont commencé à glisser sur des planches à roulettes, et qu'ils ont inventé le sport extrême le plus populaire au monde. De la rue au skatepark, le skate-board se pratique de plusieurs façons : certains font du *flatland**, des figures sur terrain plat ; les adeptes du *vert** prennent leur élan sur des rampes et effectuent des figures aériennes.

Toujours plus vite !

Dans les années 1960, certains skateurs en quête de vitesse ont fixé des roues à des planches de surf. Les longboard skates* étaient nés. Plus longues et plus rapides, ces nouvelles planches étaient aussi plus faciles à manœuvrer dans les courbes que les simples skate-boards. Le longboard est vite devenu un sport à part entière, avec son matériel et ses figures propres. Il se pratique en descente, en slalom*… ou tout simplement en ville !

Cherche des vidéos de kite mountainboard sur www.youtube.com et découvre ce sport incroyable.

Un bon coup de vent

Les kite-mountainboardeurs se servent d'un cerf-volant et de la force du vent pour se faire tracter et prendre de la vitesse sur terrain plat. Comme il est facile de s'envoler, les pieds sont sanglés à la planche pour mieux effectuer les sauts et les figures. Cette discipline se pratique sur la plage, mais un champ ou un terrain de foot un jour de vent feront très bien l'affaire.

Ça chauffe à la montagne

Le mountainboard, c'est comme le snowboard, mais sans la neige ! Les planches sont très solides et munies de roues gonflables. On s'en sert pour les descentes, les acrobaties et les courses sur les pistes en terre. Les freeriders dévalent n'importe quel terrain, juste par défi !

GEOFF ELSE

Notre expert, Geoff Else, a débuté le skate à l'âge de 14 ans et dirige aujourd'hui une célèbre école de skate en Grande-Bretagne. Nous avons demandé à Geoff ce qu'il aime dans ce sport et nous avons essayé de percer les secrets de sa réussite…

Qu'est-ce que tu aimes dans le skate-board ?

C'est tout le temps un défi, et sa philosophie est différente de celle des autres sports. Même si tu es battu lors d'une compétition, tu continues à être à fond et à encourager les autres. Il existe des liens particuliers entre skateurs, des liens vraiment forts.

Comment en es-tu venu à ce sport ?

Je voyais les copains de mon frère faire des *slides** et des *flips** sur des rampes faites maison. J'ai harcelé mon père pour avoir une planche et, depuis ce jour, je n'ai pas arrêté.

As-tu déjà eu des blessures sérieuses ?

Je me suis cassé chaque poignet quatre fois, une cheville aussi et je me suis luxé un bras. La liste n'est pas terminée ! Ce sport est plutôt rude, mais avec un peu de bon sens, on s'en sort.

Quelle est la meilleure planche pour commencer ?

Pas la peine d'acheter une planche de pro dès le premier jour, mais il vaut mieux éviter celles qui sont vendues dans les magasins de jouets. Il faut aller dans une boutique spécialisée et choisir une planche sûre et qui durera longtemps.

Tu peux nous donner quelques tuyaux ?

Porte toujours des protections : un casque, des coudières, et des genouillères. Donne le meilleur de toi-même pour réussir des figures de plus en plus difficiles, mais seulement quand tu es en confiance (il ne faut pas aller plus vite que la musique). Surtout, ne te laisse jamais influencer pour tenter une figure que tu ne maîtrises pas. À chacun son rythme !

Autre chose pour les débutants ?

Échauffe-toi et fais des étirements avant de t'entraîner. Pas de skate si tu es fatigué. Va au bout de tes limites (mais surtout à ton rythme, c'est comme ça qu'on apprend de nouvelles figures !). Respecte ton corps : si tu as mal, prends le temps de récupérer.

BOARD-MANIA

Avec des disciplines comme le skate-board, le kite-mountainboard, le mountainboard et le longboard, sensations fortes garanties ! Cinq bonnes raisons de te laisser tenter par ces sports extrêmes de plein air.

1 Ça ne coûte rien (ou presque) ! Tout ce dont tu as besoin pour commencer, c'est d'une planche, d'un casque et de protections. Paye-toi quelques heures de cours pour apprendre les bases. Avec un peu de pratique et d'énergie, tu deviendras vite assez bon pour participer à des compétitions.

2 Le monde t'appartient ! Où que tu sois, tu trouveras toujours un skatepark*, des bois, des collines ou des rues avec des obstacles et des défis intéressants pour ta planche et toi.

3 C'est un super-moyen pour améliorer ton équilibre, ton endurance et la coordination de tes mouvements. Tu seras en meilleure forme, et à force de relever des défis impressionnants, tu vas aussi développer un mental d'acier.

4 Si tu es vraiment bon, tu pourras devenir professionnel et avoir un contrat avec un sponsor. Le sponsor te fournira un financement. Tu pourras alors acheter un meilleur équipement et passer plus de temps à pratiquer ton sport.

5 Si les sports de glisse t'ont toujours intéressé, mais que l'eau n'est pas ton truc, initie-toi à ces disciplines. Les frissons sont les mêmes, mais elles sont plus faciles à apprendre, l'équipement est meilleur marché et, en plus, tu n'es jamais mouillé ! À toi de jouer !

Les sports de glisse, c'est une bonne dose d'adrénaline et d'aventure. Mais c'est aussi un mouvement culturel (musique, mode), artistique et une nouvelle philosophie de la vie. Jette un coup d'œil sur Internet et découvre la board culture. Alors, qu'est-ce que tu attends ?

Tape « Andy Mac tips » sur www.youtube.com et visionne les conseils d'un pro du skate.

TONY HAWK

Une légende du skate

FICHE D'IDENTITÉ

Nom: Tony Hawk
Né le: 12 mai 1968
Lieu de naissance: Californie, États-Unis
Vie personnelle: marié, quatre enfants
Métier: skateur professionnel et P.D.G.* d'un empire lié au skate

Un skateur précoce

Petit déjà, Tony était accro à l'adrénaline*. Il voulait être le meilleur partout, du baseball aux jeux vidéo. Quand il découvre le skate-board à l'âge de 9 ans, il en devient vite fan. Tony participe à des compétitions et se fait rapidement un nom grâce à ses figures casse-cou.

Un ado star

À 12 ans, sa réputation lui permet de signer avec le sponsor Dogtown skate-boards, une marque de planches. Il devient professionnel à 14 ans et, à 16 ans, il figure déjà parmi les meilleurs skateurs du monde. On le surnomme Birdman (« l'homme oiseau ») à cause de ses acrobaties aériennes. Tony passe son adolescence et le début de sa vie d'adulte à voyager dans le monde pour des compétitions ou des démonstrations.

La fin d'une époque

À 31 ans, Tony a participé à 103 compétitions professionnelles et en a gagné 73. Avec ce palmarès impressionnant, il détient le record mondial du nombre de victoires. Mais au début des années 1990, le skate-board n'est plus vraiment en vogue, et Tony ne peut plus vivre de son sport.

Reconversion réussie!

En 1992, Tony prend des risques et crée sa marque de skate, Birdhouse. Quand le skate-board revient à la mode au milieu des années 1990, c'est un succès mondial. Tony ne fait plus de compétitions mais joue un rôle dans le monde du skate. En 2002, il met en place la Tony Hawk Foundation (THF). Cette organisation a pour but d'aider les communautés modestes à créer des skateparks* aux États-Unis.

Temps forts

- **1982** devient pro
- **1998** gagne sa première médaille d'or aux X-Games
- **1998** crée Hawk Clothing, sa marque de vêtements
- **1999** lance son premier jeu vidéo
- **1999** devient le premier skateur à réaliser une rotation de deux tours et demi en l'air : le 900
- **2002** apparaît dans le film *Jackass*

Pour en savoir plus, va voir sur www.tonyhawk.com

REPOUSSER SES LIMITES

La vue est à couper le souffle. La pente abrupte que tu vas tenter de descendre se déroule à tes pieds. À part le vent, il n'y a aucun bruit. Il n'y a pas de juges aujourd'hui, ni de limites de temps. Tu es en compétition avec toi-même. Ton défi : surmonter ta peur !

Lance-toi

Les roues avant de ta planche dans le vide, tu bascules lentement le poids de ton corps vers l'avant. Tu flottes un moment dans les airs puis tu atterris sur la terre ferme. Désormais, tu te laisses porter par les roues de ta planche.

C'est presque ça

Tu prends de la vitesse. Le terrain est accidenté : ta planche vibre, ce qui met ton équilibre à rude épreuve. Tu fais un écart et évites un arbre de justesse. L'adrénaline monte. Tu ne t'es jamais senti aussi vivant !

Prends ton envol

L'air te fouette le visage, tu repères une roche en contrebas. Ton cœur bat plus vite et tous les muscles de ton corps sont tendus. Pour ne pas heurter la pierre devant toi, tu soulèves ta planche et… tu t'envoles. Tu ne prendras ce risque qu'une fois que tu maîtriseras ta planche, après des heures d'entraînement.

Le buzz

Avant même de t'en apercevoir, tu es de retour à ton point de départ. Ce qui t'a semblé durer des heures n'a pris que quelques secondes. Tu es allé au bout de tes limites, physiquement et techniquement. Tu sens le buzz et tu es impatient d'y retourner !

C'est quoi, le buzz ?

Le buzz, c'est l'état naturel dans lequel tu te trouves en pratiquant un sport extrême. C'est ce sentiment grisant que tu ressens face à un défi.

Regarde des vidéos de mountainboard sur www.youtube.com pour te faire une idée.

LE OLLIE

Le *ollie* est la première figure qu'un débutant doit apprendre s'il veut progresser. Il permet de sauter et est à la base de plusieurs autres figures.

Il te faut :

- Un casque • Des coudières
- Des genouillères • Un skate-board

1

Roule tranquillement, ton pied arrière sur le *tail** (arrière du skate). Puis plie les genoux.

2

Avec ton pied arrière, claque le *tail* et saute tout en basculant le poids de ton corps vers le *nose** (avant de la planche).

3

Glisse le pied avant le long de la planche jusqu'au *nose**. Cela aide à faire monter la planche avec toi.

4

Une fois en l'air, appuie sur le *grip** avec ton pied avant pour rééquilibrer la planche pour la descente.

5

Atterris en pliant les genoux pour atténuer le choc.

Compris ?

Ça vaut le coup de passer du temps à perfectionner le *ollie*, car après, tout devient plus facile. Plus tu plieras les genoux, plus tu sauteras haut !

LES FIGURES DU SKATE

Frontside boardslide

50-50 backside

Vert jumps

Tape «Vert Skating» sur www.youtube.com et visionne des figures aériennes stupéfiantes.

La plupart des figures de skate peuvent être exécutées dans la rue ou dans un skatepark*. Mais les plus spectaculaires s'effectuent sur une rampe, en *vert**. Voici un best of rien que pour toi !

Bean plant

Frontside boardslide

C'est la figure la plus simple à réaliser une fois que l'on maîtrise le *ollie* et le *50-50 backside*. Le skateur longe une rampe métallique de face et saute dessus en pivotant à 90° : il atterrit de dos sur l'obstacle et fait glisser dessus le plateau de sa planche.

Le 50-50 backside

Le skateur saute sur un rail* ou une arête de trottoir qui est derrière lui. Il atterrit et glisse sur les *trucks* (essieux, fixations métalliques qui relient la planche aux roues). Il effectue sa sortie en *ollie*.

Cab grab

Vert jumps (sauts sur rampe)

Le *vert* se pratique sur une rampe à forte pente. Le skateur prend de la vitesse dans la descente et, une fois arrivé sur le *coping**, se propulse dans les airs pour réaliser des figures étonnantes.

Bean plant

Tout en roulant, le skateur relève le nose* de sa planche, pose le pied avant par terre puis le remet vite en position pour continuer à rouler. Cette figure est utilisée pour faire une pause en haut d'une rampe ou pour passer au-dessus d'un obstacle.

Cab grab

Le skateur arrive *backwards* (l'arrière de la planche devant) et saute en l'air pour réaliser une rotation à 360°. Pendant le saut, il tient sa planche d'une main.

Somersaults

Somersaults (sauts périlleux)

Les skateurs expérimentés effectuent des figures acrobatiques incroyables et certains s'appuient sur la rampe pour réaliser leur rotation.

LES PLANCHES

Chaque sport de glisse nécessite une planche bien spécifique. Voici quelques conseils d'experts pour t'y retrouver.

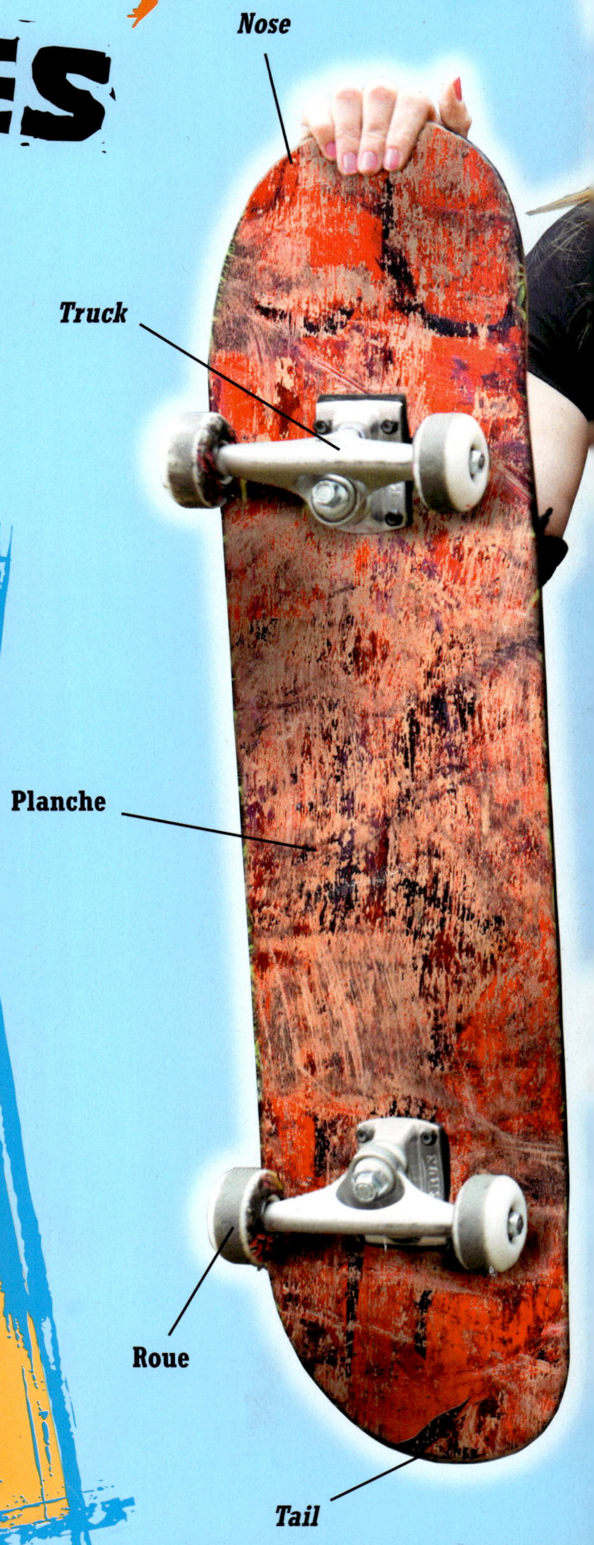

Tout-terrain

Les mountainboards sont plus larges que les skate-boards et ont des roues gonflables. La plupart des modèles sont équipés de fixations pour éviter que le rideur ne perde sa planche lors des sauts. Certains ont aussi des freins pour faciliter les arrêts lors des descentes en montagne.

Le skate en scène

Les planches de skate-board (voir photo) sont relevées à l'avant (*nose**) et à l'arrière (*tail**). La forme concave* du plateau permet au skateur d'avoir un maximum de contrôle. Les roues sont faites en uréthane, un plastique très résistant. Pour améliorer l'adhérence des chaussures sur la planche, celle-ci est recouverte d'un revêtement antidérapant, le *grip**.

À toute vitesse

Certains longboards ressemblent à des minisurfs sur roues. D'autres ont l'allure de skate-boards longs et fins. En tout cas, tous sont conçus pour aller vite ! Leurs larges roues amortissent les trous et les bosses de la route, et les *trucks* offrent une bonne maniabilité dans les courbes.

Le kite

Avant de réaliser des figures sur les planches courtes et légères de kite-mountainboard, on commence par s'initier sur des longboards ou des mountainboards. Le kite est une voile en Nylon reliée à des poignées ou à une barre de contrôle.

Attention !

Les sports de glisse sont synonymes de vitesse et donc dangereux. Il est indispensable de porter des protections :

- le casque est obligatoire tant pour les débutants que pour les pros ;
- les genouillères et les coudières protègent des blessures comme les fractures, les entorses et les éraflures ;
- les protège-poignets – avec eux plus peur de tomber !

Les adeptes du mountainboard enfilent souvent une protection intégrale rembourrée ou en cuir pour se protéger en cas de chutes.

PARLES-TU SKATE?

Révise ou découvre le vocabulaire du skate.

Le 900
Figure spectaculaire qui inclut deux tours et demi de rotation en l'air.

Air/big air
Saut extrêmement haut à partir d'une rampe.

Backside
L'obstacle à sauter est dans le dos du skateur quand celui-ci arrive.

Blunt fakie
Sauter et se poser sur un obstacle avec les roues arrière.

Boxes
Structures en forme de boîtes sur lesquelles on s'entraîne à faire des figures.

Bowl
Module de skatepark ressemblant à une piscine ronde et vide.

Curve
Virer proprement sans déraper.

Flatland
Zone plate sans aucun module. Désigne aussi les figures *(flat tricks)* exécutées à même le sol.

Flip
Figure consistant à s'élever dans les airs et à faire tourner sa planche.

Freeride
Mountainboard pour le plaisir, sans chrono, sans compétition.

Frontside
L'obstacle à sauter est en face du skateur quand celui-ci arrive.

Goofy
Skateur qui met son pied droit à l'avant de la planche.

Grind
Figure qui consiste à faire glisser le skate sur un rail ou l'arête d'un mur avec les *trucks*.

Grip
Adhésif antidérapant recouvrant la planche.

Heelside
Partie de la planche sur laquelle le skateur met ses talons.

Jam
Plusieurs skateurs utilisant le même espace simultanément (spécifique au *street* et au *bowl*).

Nose
Partie avant de la planche.

Pop
Faire décoller la planche en claquant le *tail* au sol.

Rail/barre *de slide*
Barre métallique utilisée pour glisser en équilibre.

Regular
Skateur qui met le pied gauche à l'avant de la planche.

Road rash
Blessures et égratignures faites lors d'une chute.

Sketchy
Figure mal exécutée.

Slide
Glisser avec la planche sur un rail ou l'arête d'un mur.

Spot
Tout endroit pouvant servir à la pratique du skate-board.

Street
Reproduction de territoires urbains dans un skatepark.

Tail
Partie arrière de la planche.

Tricks
Figures, gestes techniques.

Vert
Rampe à forte pente utilisée par les skateurs.

Wipeout
Tomber de sa planche lors d'une figure.

GLOSSAIRE

Adrénaline
Hormone présente dans le corps et qui, lors d'émotions fortes, accélère le rythme cardiaque.

Concave
Dont la surface présente un creux.

Coping
Rebord arrondi au sommet des rampes.

Longboard skate
Planche à roulettes plus longue et beaucoup plus rapide qu'un skate-board classique. Ses larges roues et ses *trucks* offrent une bonne stabilité sur route et permettent également d'effectuer des descentes.

P.D.G.
Président directeur général, celui qui dirige l'entreprise.

Slalom
Course en descente au cours de laquelle le sportif passe entre des plots.

Skatepark
Lieu spécialement conçu pour la pratique du skate-board, équipé de modules (rail, rampe...). Il peut être couvert ou en plein air.

Sponsor
Société qui apporte une aide financière à un individu ou à une équipe pour qu'il ou elle fasse la promotion de ses produits.

X Games
Compétition de sports extrêmes ayant lieu tous les ans à Los Angeles, aux États-Unis.

SKATEUSE PRO

MON HISTOIRE LUCY ADAMS

Au départ, ce que j'aimais, c'était le roller. Alors, quand un nouveau skatepark* a ouvert près de chez moi, j'ai foncé. Un jour, un skateur du coin a réalisé un *blunt fakie** sous mes yeux : c'était le truc le plus incroyable que j'aie jamais vu ! Il fallait absolument que je me procure un skate, et vite ! Le lendemain, je me suis précipitée pour acheter ma première planche.

Je suis devenue une habituée du skatepark et j'ai rejoint un groupe de débutants. Nous avons appris toutes les figures ensemble. J'ai fait de la « minirampe » – le parc était équipé d'une rampe d'1 mètre, ce qui convenait parfaitement pour tester les nouvelles figures. Puis, rapidement, nous avons commencé à faire du skate dans les rues et à fabriquer nos propres rampes et *boxes** pour réaliser nos figures. On passait des heures à s'entraîner.

J'ai fait ma première compétition avec mes copains lors d'un concours local. Je ne me souviens même pas comment nous avons atterri là, mais c'était génial ! En 2002, j'ai commencé à participer à des compétitions comme les Urban Games et le Board X. Puis en 2003, je suis partie en Australie pour la Globe World Cup. En souvenir, j'ai gardé un T-shirt avec les signatures de tous les skateurs – trop cool ! Depuis, j'essaie de faire toutes les compétitions réservées aux filles. Une chose est sûre : la Girl Skate Jam UK est vraiment la meilleure ! Des centaines de skateuses sont là, et l'ambiance est vraiment sympa.

Grâce à ce sport, j'ai parcouru le monde entier, et je me suis fait des tas d'amis. J'ai un contrat avec un sponsor, le magazine *Sidewalk* m'a consacré un article et j'ai participé au film sur le skate-board féminin *As if ! And What ?* Mon parcours a été vraiment extra. Je rêve aujourd'hui de pouvoir ouvrir un skatepark. Alors, à tous les débutants : n'hésitez pas, foncez !

POUR OU CONTRE ?

Pour

Des millions de rideurs et de fans du monde entier pensent que les sports de glisse ne sont pas seulement un hobby, mais une véritable façon de vivre. Ils soutiennent que :

1. Ces sports sont numéro 1 question style ! Côté look et musique, ceux qui les pratiquent ont des goûts bien à eux qui font chaque jour de nouveaux adeptes.
2. Pratiquer un sport de glisse, c'est un bon moyen de s'éclater et de prendre des risques sans se mettre hors-la-loi.
3. La glisse, c'est d'abord être en compétition avec soi-même et non avec les autres. Les rideurs développent leur style et leur technique à leur propre rythme.
4. Cela permet de faire une activité physique tout en rencontrant des personnes ayant la même façon de penser que soi.
5. La glisse aide à prendre confiance en soi et à affronter les coups durs de la vie – si on peut dévaler une pente à toute vitesse ou faire des sauts périlleux sur une rampe, on peut relever tous les défis !

Cependant, certains pensent que ces sports ne sont pas « convenables » ou qu'ils sont trop dangereux. Ils soutiennent que :

Contre

1. En faisant des figures dans les endroits publics, les skateurs peuvent blesser des piétons, endommager les trottoirs et autres aménagements, ou abîmer des arbustes et des parterres.
2. Pour faire cool ou branché, certains refusent de mettre un casque ou des protections, prenant le risque de se blesser – ou pire.
3. Pour faire comme les autres, les rideurs peuvent dépenser pas mal d'argent pour des planches ou des chaussures qui, très vite, ne seront plus à la mode.
4. Rassemblant beaucoup de jeunes, les *jam sessions* de skate sont bruyantes et perturbent le quartier où elles se déroulent.

Au bout du compte

En pratiquant ce style de sports, on se sent vivant : on est dehors, au grand air, avec ses amis, et on fait l'expérience de la vitesse et de l'adrénaline*. Mais attention, ces sports nécessitent un encadrement et le port de protections.

LE KICKFLIP

Même si le *kickflip* est une figure de base du skate-board, il n'est pas simple à réaliser. Il consiste à sauter et à faire tourner la planche à l'horizontale sur 360°.

Il te faut :

- Un casque • Des coudières
- Des genouillères • Un skate-board

1

Tout en roulant, place ton pied arrière sur le *tail* et la plante de ton pied avant juste derrière le *truck* avant.

2

Plie les genoux et fais un *ollie* en faisant glisser ton pied avant en diagonale vers le haut et l'extérieur de la planche. C'est en quittant la planche que ton pied va lui donner un mouvement de vrille.

3

Lève bien les jambes en l'air pour que la planche effectue une rotation complète.

4

Une fois la rotation effectuée, atterris genoux pliés pour amortir le contact avec le sol.

Compris ?

Si le *kickflip* est correctement effectué, la planche fait un tour complet sur elle-même !

Pour voir des vidéos et t'aider à perfectionner ta technique, va sur www.youtube.com.

Une semaine dans la vie d'un pro

JAMES JOHNSON

Blog | **Actus** | **Agenda**

LUNDI

Comme tous les lundis matins, je me suis réveillé courbaturé par un week-end de pur skate. J'ai décidé de prendre un jour de relâche, mais à la mi-journée, l'ennui aidant, j'ai vite rassemblé mes affaires et j'ai filé au skatepark* !

MARDI

J'ai retrouvé un couple d'amis et nous sommes allés tester un nouveau spot* de skate dont nous avions entendu parler. C'était vraiment super. J'ai essayé de mettre au point quelques figures et fait des grinds* d'enfer !

MERCREDI

J'ai fait ma visite hebdomadaire à l'un de mes sponsors*. Je suis allé dans un entrepôt pour tester du nouveau matériel. J'en ai profité pour récupérer une nouvelle planche et des coudières. J'ai aussi pris des affaires dont le sponsor veut que je fasse la promo.

Blog | Actus | Agenda

JEUDI

J'ai fait une démo dans une école du quartier et j'ai été payé ! Les enfants étaient si enthousiastes que je leur ai donné quelques leçons de skate gratuitement.

VENDREDI

Mélange le mot "Armageddon" (lieu d'une grande bataille) avec le mot "slum" (taudis) et ça donnera Slumageddon ! C'est le nom (plutôt bien choisi !) de l'épreuve de ce week-end. Au programme : du skate-board extrême au milieu d'un quartier laissé à l'abandon. J'adore ce rendez-vous de trois jours : je n'emporte qu'un sac à dos, une tente et ma planche. Pas d'hôtel cinq étoiles ce week-end ! On se concentre sur du skate pur, féroce et rapide.

SAMEDI

La compétition est filmée et les séquences sont montrées aux juges : ce sont eux qui, au final, doivent décider qui réalise les meilleures figures. Aujourd'hui, c'était au tour de mon équipe de faire une démo. On a réalisé de super-acrobaties et mon saut en vert* était plutôt pas mal. À la fin de la journée, on s'est tous effondrés et on a passé la soirée à discuter et à grignoter devant les tentes.

DIMANCHE

Les juges ont visionné les séquences aujourd'hui et décerné le prix du meilleur skateur. Je n'ai pas gagné. Ce sera pour la prochaine fois ! Bon, il est temps de rentrer se reposer et de prendre, enfin, une bonne douche chaude !

C'EST DINGUE !

130

KILOMÈTRES À L'HEURE

C'est le record mondial de vitesse en longboard établi par Mischo Erban en 2010.

18,5

MILLIONS

C'est le nombre de skateurs dans le monde.

50 000

C'est le nombre annuel de visites aux urgences causées par le skate-board aux États-Unis.

12

C'est le nombre d'années durant lesquelles le skate-board a été interdit en Suède, car jugé trop dangereux.

1

MILLION

C'est le nombre de lycéens dans le monde ayant appris le skate-board en cours d'EPS.

13
ANS

C'est l'âge du plus jeune skateur ayant gagné une médaille d'or aux X Games* (2003).

2,2
MILLIONS

C'est le nombre de fans de Tony Hawk sur le réseau social Twitter.

11,18
KILOMÈTRES

C'est la taille de la piste de mountainboard la plus longue du monde. Elle se situe à Palomar Mountain, en Californie.

10

C'est le nombre de personnes pouvant rouler en même temps sur le plus grand skate-board du monde. Il est 12 fois plus grand qu'une planche normale !

À toi de jouer !

Contacts utiles

Pour t'initier aux sports cités dans ce livre, certains organismes pourront t'aiguiller.

Fédération française de roller sports
Affiliée au Comité national olympique et sportif français, elle gère toutes les disciplines de patinage à roulettes.
www.ffrs.asso.fr

Commission nationale de skate-board
Elle s'occupe de la promotion, de l'organisation et de la gestion sportive du skate-board en France.
www.cns-france.com

Association française de mountainboard
Elle promeut le mountainboard auprès du grand public et coordonne les associations locales affiliées à la FFRS.
www.atbauk.org

École française de kite
Ce réseau a été créé par la Fédération française de vol libre. Ces écoles enseignent les bases du kitesurf, du kite-mountainboard ou du snowkite.
http://federation.ffvl.fr

Livre, presse et DVD

Skate-board : tricks et techniques de Titus Dittmann et Christian Ambach, aux éditions Chantecler.

Le magazine *Sugar* offre plus de 130 pages mensuelles de reportages, de photos et d'interviews des rois du skate, en France et ailleurs !
www.sugarskatemag.com

Apprendre le skate-board mais aussi *Skate-Volume 1* et *Skate-Volume 2*, des DVD pour tout savoir et parfaire sa technique.

INDEX

50-50 backside 17
Adams Lucy 23
Bean plant 17
Buzz 13
Cab grab 17
Else Geoff 6-7
Frontside boardslide 17
Hawk Tony 10-11
Johnson James 28-29
Kickflip 26-27
Kite-mountainboard 4, 8, 19
Longboard 4, 8, 19, 30
Ollie 14–15, 17, 26
Matériel 18-19
Mountainboard 5, 8, 12-13, 18-19, 31
Records 30-31
Vert jump 17
Vocabulaire 20-21
X Games 11, 31

Les éditions Milan remercient pour leur aide précieuse Jérôme Girard, référent national (Street/Bowl/Rampe) pour la Fédération française de roller sports ainsi que Guillaume Gansert, président de la Commission skate-board.

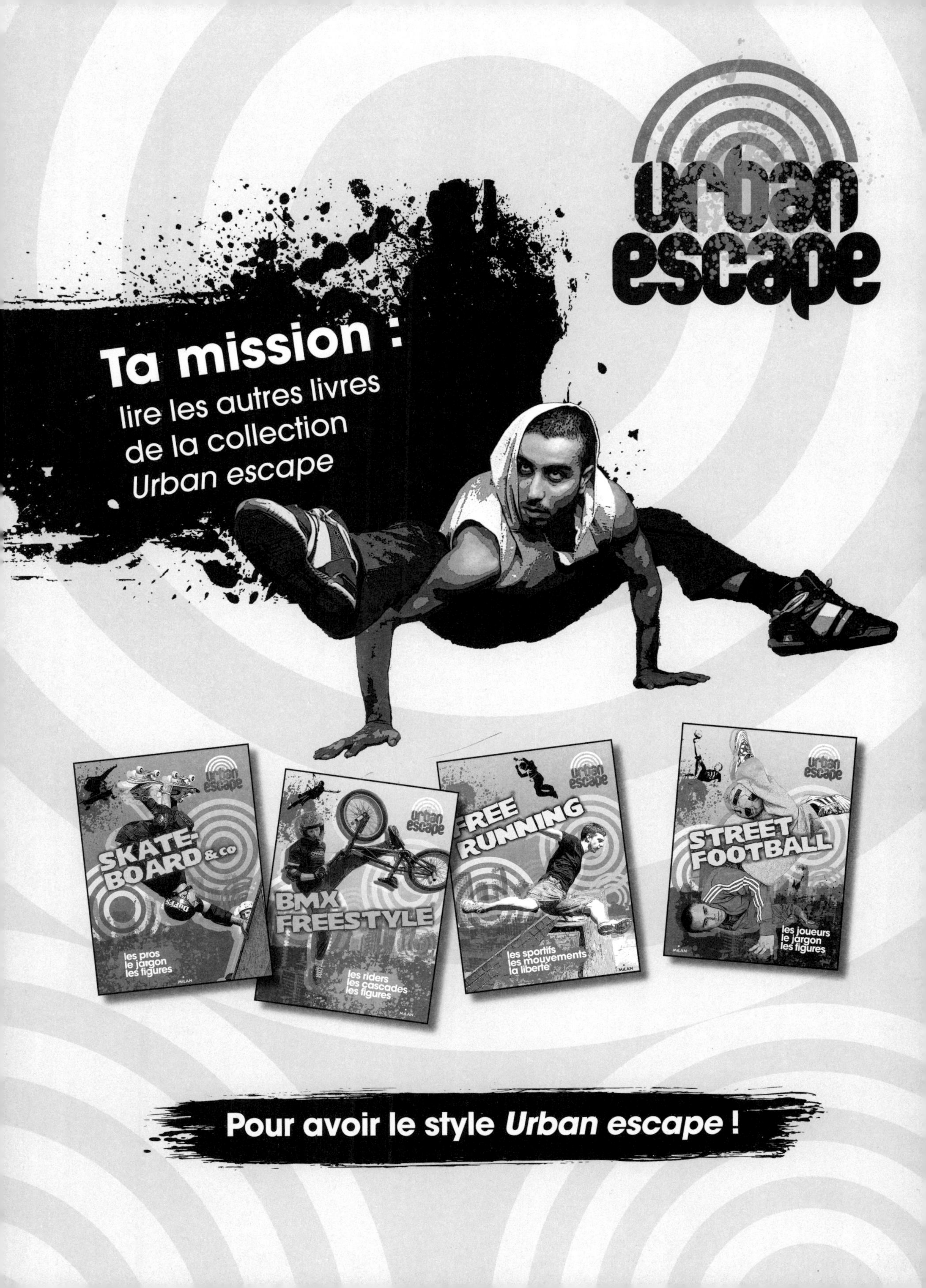

urban escape
Ta mission :
lire les autres livres de la collection *Urban escape*
urban escape
SKATE-BOARD & co
les pros
le jargon
les figures
MILAN
urban escape
BMX FREESTYLE
les riders
les cascades
les figures
MILAN
urban escape
FREE RUNNING
les sportifs
les mouvements
la liberté
MILAN
urban escape
STREET FOOTBALL
les joueurs
le jargon
les figures
MILAN
Pour avoir le style *Urban escape* !